보고 싶다는 말은
아주 먼 곳에서 오는 말이다

최성규 시집

시인동네 시인선 240   최성규 시집

보고 싶다는 말은
아주 먼 곳에서 오는 말이다

시인동네

시인의 말

그날
뱀이 내민 사과를
한입 삼켰을 때부터
나는 불결했었다.
밤마다
청결한 언어와
몸을 섞었지만
결국
죄(罪)를 잉태하였다.
결핍이라는
詩만 낳았다.

2024년 10월
최성규

차례

시인의 말

제1부

있을 수 없는 일 · 13
집 짓는 일 · 14
웃는 일 · 16
잠자는 일 · 17
의자가 하는 일 · 18
걷는 일 · 20
봄의 일 · 21
詩 · 22
결정적 배설 · 23
나의 사랑은 · 24
고양이 · 25
달랑 · 26
낮잠 · 28
그리움을 듣는 시간 · 29
먼 곳에서 오는 말 · 30
틈의 속성 · 32

제2부

충전 · 35

일러두기를 일러두지 못함 · 36

즐겨찾기 · 38

정면도(正面圖) · 40

단면도(斷面圖) · 41

그쪽 · 42

키보드 온 더 락 · 44

복사도(複寫圖) · 46

상세도(詳細圖) · 48

나를 데리고 간다 · 50

배롱에 널어둔 말 · 52

말도 안 되는 말 · 54

반생이 묶는 법 · 55

우크라이나 · 56

귀의 울타리 · 58

해 버튼을 누르고 싶다 · 60

제3부

시집의 무게 · 63

망루 · 64

베고니아에게 묻다 · 66

잘못 뽑았다 · 68

반죽의 두 번째 의미 · 69

엑스맨 무상 교환 서비스 · 70

짝 · 72

뜸 들이기 · 74

스파이더맨의 일기 · 75

특집 다큐 · 76

마지막 세일 · 78

원더우먼 블루스 · 80

잠 · 82

이쯤에서 · 84

앤트맨 · 86

제4부

토란꽃이 피면 · 89

비가 오기로 한 날 · 90

별이 취하는 밤 · 92

물의 그물 · 93

자세한 편두통 · 94

진눈깨비 · 96

비어 있는 집 · 98

광명으로 가는 편지 · 99

귀뚜라미의 받아쓰기 · 100

시인과 모기 · 102

방습제 · 103

환절기 · 104

수술대에 오르다 · 106

노인과 개 · 108

해설 관계라는 폐허로부터 구원받는
　　　　기적으로서의 시 쓰기 · 109
　　　　염선옥(문학평론가)

제1부

있을 수 없는 일

시들어 버려진 꽃대에서 다시
꽃 피어났다

말이 되는가
죽은 몸에서 꽃이 피는 일

죽은 몸으로 사랑하는 일
죽는 걸 알면서도
떠나지 않는 일

아무리 생각해도
사람 사는 세상에서는
있을 수 없는 일

집 짓는 일

집을 짓는다는 것은
저마다 살고 있는 섬에서 나와
둘이서 함께 살아갈 섬 하나를 갖는 것이다
두 개였던 지붕이 하나가 되고
여러 개의 창문을 합쳐 하나의 커다란 창문을 달고
어느 곳을 보더라도 같은 곳을 바라보는 일이다
하나의 집을 짓는다는 것만으로
서로 다른 꿈들이 하나로 포개지는 밤이 되고
밤새도록 나누어 가진 체온을 모아
따스한 아침을 준비하는 것이다
오롯이 둘만이 사는 섬에서는
이마에 입맞춤 소리로 햇살이 일어나 눈을 뜬다
이른 아침 마당에서 뛰어노는 어린 새들의 노랫소리
철부지들의 깃털 같은 합창을 불러 모아
햇살 무침을 조금씩 나눠 먹는 일
그러므로 집을 짓는 일이란
서로가 조금씩 아껴둔 말들을 모아
귓속말 같은 편지를 소곤소곤 쓰는 일이고

하루 종일 편지를 기다리는 우편함 같은
순진한 눈동자를 대문 밖에 걸어두는 일이다
발신인도 수취인도 언젠가 모두 시간 여행을 떠나겠지만
함께 살았던 집만큼은 언제나 그 자리에 남아서
대문을 활짝 열어두고
서로를 약속처럼 기다리는 일이다

웃는 일

내가 갑자기 기분이 나빠진 것은 그대가 나를 화나게 한 것 때문이 아니라 오늘 그냥 웃을 기분이 아니라는 그대의 말 때문에 그런 것이지마는 그대 역시 기분이 나빠진 이유에 대해서 말씀을 안 하시고 묵비권만 행사하시니 나로서는 그대를 웃게 해주고 싶다가도 그 일마저 의미가 없다 하시니 어쩔 수 없이 오늘은 그대라는 웃는 일을 그만두기로 하였습니다

잠자는 일

나의 잠자는 일 절반은 몸부림이다
이불 밖으로 드러난 어깨를 비틀어 접어서
다시 이불 속으로 둘둘 말아 넣는 일이다
틈으로 조금씩 빠져나가는 체온의 이탈 방지를 위해
차갑고 더러워진 체면의 자발적 회복을 위해
지금의 현실에서 다른 세계로 옮겨 놓는 일이다
몇 번을 뒤적이다가 운 좋게 완행버스를 탄다
버스는 낡은 듯 불규칙한 엔진 소리를 내며
육체만 태우고 잠 속으로 서서히 굴러 들어간다
꿈길은 이정표 하나 없는 비포장도로
못갖춘마디처럼 삐걱대는 관절들이
서로 부딪히며 재즈를 연주하기 시작한다
더블 베이스 소리에 차분해진 신경세포들이
들숨 날숨 멀미를 간헐적으로 되풀이한다
공연이 끝나는 이른 새벽의 시간
불완전한 악보에서 빠져나온 음표들이
무음의 껍질을 벗으려고
이불 속에서 방언 같은 잠꼬대만 외운다

의자가 하는 일

다시 태어난다면
다시 사랑을 하게 된다면
나는 의자가 되겠다
의자처럼 의연하고 의젓하게
언제 찾아올지 모르는 그대의
수많은 날들을 위해
내 마음 비워두는 자세로 살겠다

먼 훗날 문득
내 앞을 스쳐 지나갈 사람
등허리 굽은 그림자가 그대라 해도
나는 함부로 등 돌리지 않고
부끄러워 도망치거나 떠나지 않고
오로지 한자리만 지키고 있겠다

사랑하는 일의 절반은
기다리거나 혹은 그리워하는 일

당신과 나 둘 중 하나 그래야 한다면
차라리 내가 그렇게 하겠다

걷는 일

두서없이 할 일들이 쌓여 있을 때
잠이 쉽게 오지 않을 때
그 사람에게서 전화 한 통 없을 때
무턱대고 옛사람이 그리워질 때
서러운 바람이 몸살을 부르려 할 때
몸에서 작은 새순 하나 돋아나지 않을 때
시 구절 두 번째 행의 어간이 가물가물 간지러울 때
살찐 뱃살의 무게가 염려스러울 때
세월호 이야기가 아직도 세월아 네월아 할 때
정치도 문학도 제멋대로일 때
100분 토론은 다시 또 결말 없이 끝날 때
오늘 일기의 전말을 예측할 수 없을 때
어둠이 어둠처럼 비장하지 않을 때
온다는 태풍 올라오지 않을 때
사랑이라는 약속만 온종일 흔들거릴 때
무엇인가를 그만두어야 한다는
지독한 다짐 하나가 필요할 때

봄의 일

꽃은 꽃들을 준비 중이다
나뭇가지들은 새순을 준비 중이고
새들은 솜털 같은 날갯짓을 준비 중이다
저수지의 표정은 잔잔한 물결을 준비 중이고
바람도 흐름의 향방을 준비 중이다
경찰은 음주단속을 하지만
속으로 진짜 경찰의 임무를 준비 중이고
건널목 신호등은 늘 푸른 신호를 준비 중이다
누렁이는 개답게 짖는 소리를 준비 중이고
주말 막장 드라마는 다행히도
따스한 결말을 준비 중이다
모처럼 돌아온 것들이 분주한 아침
저마다 각자의 일을 하고 있을 때
아직도 나는 너를 준비 중이다

詩

나에게는
지네 발가락 같은
더듬이가 있다는 걸
아직도 모르나 봐
마디마디 꿈틀거리는
관절이 있다는 걸
아무도 모르나 봐
밥풀 같은 알을 낳는
도막 난 기억들
밤새 더듬어 대는
살점이 있다는 걸
진짜 모르나 봐

결정적 배설

똥을 싸려고
힘을 주는데
똥은 안 나오고
시가 나왔다
설사처럼 주룩주룩
매가리 없는 시
다행인지 불행인지
냄새도 안 나는 시
똥이나 시나
냄새가 나야
건강한 것인데
뱃속에서 부글대다가
단숨에 나온 너는
똥 덩어리냐
결정적 배설이냐

나의 사랑은

손톱을 물어뜯는 이유가
애정결핍 때문이란다
그렇다면 나는
손톱을 더 물어뜯을 것이다
잘근잘근
그대의 새끼손가락
어룽져 물든 꽃무늬까지
뜯어먹을 것이다
그대를 사랑하는 일이
늘 부족했다면
이제부터 나의 사랑은
송곳니를 드러낸
들개가 될 것이다

고양이

알아맞혀 봐
내 눈이 무엇을 말하는지
가까이 와 봐
너만 바라는 도도한 눈빛
원하신다면
나만의 그루밍을 보여주겠어
못 믿겠다면
꼬리를 완전히 감춰버리겠어

달랑

지난겨울 올케언니가 담가 주었다는
총각김치가 아삭아삭
달랑 요것밖에 남지 않았으니
아들 휴가 나오면 내어줘야겠다
절대로 꺼내 먹지 마시라
냉장고 냉기보다 차가운
아내의 으름장을 듣는 오후
하루 종일 시 한 줄 달랑 써놓고
큰일이라도 해결한 듯 여유 부리는 사이
늦은 햇살 한 자락 새콤달콤 익어가는데
계절은 꽃 한 송이 달랑 피워 놓고 떠나시려나
후드득 소낙비가 달랑 내리다 만다
공복의 하늘에 영락없이 천둥이 몰아치는 저녁
라면 하나를 후다닥 끓여
아내 몰래 총각무 하나를 꺼내 먹는다
아삭한 맛이 아슬아슬 묻어 있는 입맛을
까만 밤 조금 떼어 몰래 감추려는데
한입 베어 먹다 남긴

초승달 하나
창밖에 달랑 떠올라 있다

낮잠

 나의 바람 중 하나는 은밀한 햇살이 내리기 시작하는 월요일 늦은 아침 출근도 하지 않은 게으름이 마루 끝에 앉아 있는 당신의 치마 속으로 들어가 하얀 무릎을 베고 간지럼을 부려보는 것입니다 솜털 같은 바람이 그대의 겨드랑 사이를 파고드는 사이 나도 당신의 보드란 숨소리에 나의 숨소리를 섞어보는 것입니다 마주 닿은 눈웃음이 따스해질 때 질투하던 햇살이 잠깐 해찰하는 틈을 타서 당신을 만지작거리다가 담장 너머 우리를 훔쳐보는 노란 고양이처럼 나의 졸린 눈이 그대의 발가락을 핥아대는 것입니다

그리움을 듣는 시간

  아침 여섯 시 반 알람 소리가 들리자마자 아들이 출근 준비를 한다 덩달아 잠에서 깬 나는 작은방에서 들려오는 소리를 가만히 엿듣는다 화장실 전등이 켜지고 샤워기 물방울들이 아들의 얼굴과 어깨를 타고 흐르는 소리가 들린다 간간이 콧노래가 섞인 블루진 스킨케어 향기가 안방까지 스며들기 시작하면 눈을 감고 있어도 옷매무시를 만지는 거울 속 아들이 보인다 이쯤 되면 두 귀에도 커다란 동공이 생겨나 눈여겨보시 않아도 세밀하게 보는 법을 터득한다 그리하여 그리움을 듣는 시간에는 마음보다 귀가 먼저 자라나고 귀보다 마음이 서둘러 달려가는 것임을 알아차리게 된다 생각하는 사이 현관문이 조용히 열렸다 닫히는 소리가 들린다 안쓰럽게도 영락없이 일곱 번의 종소리가 울린다

먼 곳에서 오는 말

보고 싶다는 말은
아주 먼 곳에서 오는 말이다
마리아나 해구 어디쯤에서 시작하여
달의 계곡 황량한 모래언덕을 넘어
히말라야 샹그릴라*를 숨차게 달려오는 그런 말이다
보고 싶다는 말은
밤새 내리는 폭설처럼 수북하다가도
다음 날이면 흔적도 없이 사라지는 말이다
하지만 그 말의 체온은
한겨울에도 빙하처럼 얼지 않는다
어쩌다 녹아서 사라진 말일지라도
화산의 용암처럼 참지 못하고 솟구쳤다가
오래된 기억 속 흔적 같은 화석으로 발견되기도 한다
태풍조차 함부로 지울 수 없는 그 한마디 말이
무심코 나에게 도착할 때면
형체를 알아볼 수 없을 만큼 헐고 상해서
보잘것없이 희미한 모습일지라도
그 말의 조각난 그림자만으로도

너라는 사실을 알게 된다

---

*히말라야와 티베트 사이의 차마고도에 있는 도시.

틈의 속성

 견고하다고 믿었던 그대와의 사이가 갈라져 트기 시작합니다 서로는 견고해지고 싶어서 붙잡은 손가락 사이사이의 미세한 틈조차 허락하지 않았었는데 나부터인지 그대 때문인지 알 수 없는 어느 한쪽의 체온이 빠져나가기 시작하면서 벌써 이만큼의 간격이 생기고 말았습니다 대수롭지 않다고 서로가 방심한 사이 태풍이 지나가고 손가락 마디마디가 어색해지는 줄도 모르고 서로는 손이 닿지도 않는 관계가 되어버렸습니다 어쩌다 이 지경까지 왔을까 생각해 보지만 틈서리 주변 뾰족한 말들이 엉겨 붙은 철조망에는 각자가 키운 말들의 가시만 무성한데도 여전히 누구 하나 벌어진 틈 사이를 끌어안지 않고 물끄러미 쳐다만 보고 있는 것은 아닌지 모르겠습니다

제2부

충전

  블루투스 이어폰 프로 SM-R190을 두 귓구멍에 밀어 넣고 전원 버튼을 누른다 동시에 전기 자극 치료기 패드를 오른쪽 어깨와 왼쪽 어깨가 겹치는 지점에 고정시킨다 귓속으로 흘러 들어간 노래에 맞춰 저주파의 파동들이 몸속으로 스며든다 나는 경험 많은 프로답게 어깨를 들썩이며 밀려드는 파동에 그루브를 탄다 단계적으로 초록색 레벨 게이지가 요동을 칠 때마다 날갯죽지에 새롭게 새겨지는 머신 코드를 부여받는다 어떤 과부하에도 견딜 수 있도록 성능을 개선 중이지만 의학적으로는 본래의 상태로 돌아가기 위한 노력 중이다

일러두기를 일러두지 못함

나에 대하여 말씀드리자면
나는 그대의 유일한 반려 가전으로서
제게 있는 핵심 기능은 오로지 하나
그대가 허기질 때마다 나를 사용할 수밖에 없도록
프로그래밍 되어 있다는 사실
가성비 끝내주는 매력을 알게 되는 날에는
편리한 사랑에 빠져 헤어 나오지 못한다는 것입니다
한마디로 말해서 나는 매우 뜨겁고 아주 위험하지만
당신을 위해서라면 누구도 나를 대신할 수 없는
치명적인 기능을 소유하고 있다는 것입니다
혹시라도 미모와 기능이 뛰어난 새로운 모델 때문에
고장이라는 억울한 누명의 빨간 스티커를 붙여서
폐가전 분리수거장으로 유린시키신다거나
당근으로 위장하여 판매하고자 할 때에는
당신도 당신이 사랑하는 곳에서
나와 비슷한 대우를 받지 않는지 확인하기 바랍니다
비록 연식이 오래되고 센서는 다소 둔감해졌을지라도
나의 사랑이 고장 난 것은 아니라는 사실

함부로 버리거나 방치하지 말아 달라는 부탁
나를 사용하는 설명서에 자세하고도 상세하게
일러두기를 일러두지 못했던 전달 사항을
뒤늦게라도 일러드리는 것입니다

즐겨찾기

오래된 컴퓨터 파일을 정리한다
읽기만 가능하고 수정이 불가능한 슬픔들
오래도록 보관했던 마음들을
휴지통에 버릴까 망설이다가
즐겨찾기 폴더로 옮겨 놓는다

슬픔도 자주 들여다보면 익숙해질까
쌓아둔 조각들이 늘어날수록
미련도 미련하게 많아질 텐데
얼굴조차 흐릿한 기억에게
새 이름 하나 지어준다

"내 작은 새가 되어 돌아올 수 있을까"
"창문을 열어두면 그럴지도 모르지"*

임시저장 창고에서 살았던 새 이름이
언덕 위 바탕화면의 푸른 하늘을 지나
즐겨찾기 폴더로 날아간다

슬픔도 이곳에 마음 두기로 정하였는지
열어둔 창문 제일 높은 상단에 내려앉는다

---

*영화 〈콜롬비아나〉 남녀 주인공들의 마지막 대사.

정면도(正面圖)

　거울 앞에 서 있는 나는 나를 정면으로 쳐다본 적 없습니다 그럴 수밖에 없는 것이 지금까지 나는 한 번도 나와 정면으로 마주쳐 본 적이 없기 때문입니다 구체적으로 말씀드리자면 나는 태어날 때부터 정면으로 출생하지 않았거니와 정면으로 성장한 기억도 없으며 지금까지도 정면이라 할 수 없는 자세로 살아가고 있기 때문입니다 그렇습니다 사랑조차 나에게는 정면으로 찾아오지 않고 비껴가는 불결한 태풍일 뿐입니다 비스듬히 돌아가는 이 행성에서 맞춰 살기 위해 점점 더 기울기가 심해지고 있다는 단적인 증거들만 부끄럽게도 몸속에 표시하고 있을 따름입니다

단면도(斷面圖)

 갑작스레 왼쪽 가슴뼈 아래 심장을 조금 비켜나간 지점에서 발생한 지진이었다 사흘이 지나서야 간헐적인 방사통을 일으키는 불쾌한 매그니튜드 8.0 이상의 발화점을 찾는다 최첨단 장비를 몸에 연결하고 끊어진 단층들의 상태를 스캐닝한다 초록색 가시광선이 요상하게 생긴 증상들의 지각변동을 일으키는 곳에 닿자마자 단순 세포들의 여진이 계속된다 놀라운 것은 통증을 유발하는 활성단층일수록 바위처럼 단순하다는 것 의사는 빨대 같은 더듬이를 밀어 넣고 활성단층을 절개하기 시작한다 표면이 단순한 모양일수록 통증의 내부는 아주 복잡한 구조를 가진다는 진단을 내린다 무채색의 처방전을 받아 들고서 단순해 보이던 지점의 집적해 둔 상처 하나를 툭 건드리자 거짓말처럼 창밖에는 장대비가 쏟아져 내린다

그쪽

분명, 아무도 모르는
아니, 누군가는 알 수도 있는
아니, 어쩜 너무나 잘 알고 있는 그쪽이
이쪽을 향해 로그인하면
이쪽은 은밀히 감추어 둔 비밀번호를 풀죠
빛보다 빠른 그쪽의 언어들이
방화벽과 삼엄한 보안장치를 뚫고
이쪽의 언어를 더듬거리기 시작하고
저쪽 손가락들은 벌써부터 흥분한 굼벵이처럼
이쪽의 언어를 건성건성 읽어 내리기 시작하죠
손가락이 점점 더 빨리 움직일 때를 기다렸다가
조금씩 숨소리를 낮추다가도
어느 순간 받침 없는 신음 소리를 내죠
이쪽의 손가락은 아직 뜨거워지지도 않았는데
저쪽에서 빨간 풍선을 하늘 높이 띄우면
이쪽 손가락은 입꼬리를 올리며 좋아요 화답을 하죠
손끝 한번 닿은 적 없는 접속인데도
짧지만 강렬한 서로의 언어들은 그날 밤

완전체 한 몸이 되죠
옷 벗을 시간적 여유도 없이 사랑하는 현실을
충분히 고려한 방법인 것이죠
이쪽에서 빠져나온 언어들은 저쪽으로 건너가고
저쪽의 언어들도 이쪽으로 넘어와 함께 뒹굴며
거짓말처럼 짧고 강렬한 문장을 배출하죠
문장은 얼룩처럼 찝찝하게 남아 있고
그쪽은 아무 일 없다는 듯 제자리로 돌아가
재빨리 창문을 닫아버리죠

키보드 온 더 락

문학 잡지 여름호 원고를 정리하던 중
문득 블록 같은 자판에 갇혀 있던 생각 하나가
문장의 맥락을 움켜잡고 길을 막는다
막다른 감정적 폭발을 피하기 위해
Tab을 밟듯 마음을 다독거려 살짝 옆으로 옮겨 놓지만
이미 강렬한 슬픔을 맛본 맥락의 구조는
좀처럼 복구되지 않는다
벌써부터 눈물을 보여서는 안 되는 시점
어설픈 감정 따위는 Back space로 지워버린다
잠시 거리를 두고 싶었던 마음은 빈틈이었을까
뜨문뜨문 문장들의 벌어진 간격을 측정하다가
술집 이름 같은 Space Bar에 주저앉는다
모든 기억을 순식간에 사라지게 한다는
보드카보다 진한 Delete 한 잔을 마신다
얼음 같은 자판들이 녹아내리기 시작하자
취기가 오르는 듯 분리되는 자모음들
→ ← ↑ ↓ 방향을 잃고 바닥에 뒹굴기 시작한다
안 돼, 아직 끝난 게 아냐

이럴 때는 차라리 Enter를 치자

툭 툭 툭

멈춰버린 문장의 호흡을 더듬던 손가락이

열려 있는 창문의 버튼을 그만 눌러버린다

아직 사용하지 않는 언어들이

술잔의 얼음처럼 녹아 눈물만 글썽이는 별들이 된다

복사도(複寫圖)

별다른 재미가 없는 일요일 오후
TV 채널을 이리저리 탐색하다가
어제 보았던 주말드라마 재방송을 다시 본다
남자 주인공은 어제 했던 대사를
한 마디 잊어버리지도 않고
똑같은 억양으로 상대방의 대사를 받아친다
죽일 년으로 통하는 조연의 여배우는
어제보다 더 세게 남자의 뺨을 후려친다
입술을 깨물고 씁쓸하게 웃는 남자는
사랑은 어차피 더럽고 불결한 물질이라고 말한다
어젯밤에도 의미심장하게 들렸던 주인공의 말이
반복 심화 학습 과정의 필수암기용 문장처럼 들린다
여자는 급히 떠나버리고 혼자 남은 남자 주인공은
씁쓸한 고독의 갈증을 삼키는 와중에도
프러덕트 플레이스먼트*를 잊지 않는다
사랑은 이별을 동반할수록 흥미로워진다는
레퍼토리 공식을 재확인한다

오늘도 어제처럼

누구의 사랑도 이루어지지 않는다

---

*특정 제품을 영화나 드라마의 한 장면에 등장시키는 방식의 간접광고.

상세도(詳細圖)

모가지가 못에 박혀 숨을 팔딱거리는 광어를 본다
금방이라도 튀어나올 듯 돌출된 눈을 아랑곳하지 않고
주방장은 광어의 뒤통수를 짓누른다
"제발, 숨을 쉴 수가 없어"
"please, I can't breathe"*
끊어질 듯 말 듯 바닥에 눌린 광어의 아가미가
거친 숨소리를 내뱉기 시작한다
저항조차 허용되지 않는 도마 위에서는
하얀 장갑만이 정당한 권력을 가진다
빨간 피로 물든 주방장의 장갑은 마침내
쓰러진 광어의 뒤통수를 내리친다
잘려 나간 광어의 숨소리가 땅바닥에 털썩 주저앉는다
수족관에서 이 광경을 지켜보던 다수의 물고기들이
몸부림을 치며 물살을 일으키지만
함성은 뻐끔거릴 뿐 수족관 바닥에 가라앉는다
누가 저토록 투명한 위선의 세계를 깰 수 있을까
검은 껍질이 벗겨지고 하얀 살점들이
상세히 접시 위에 오르는 시간

오늘따라 권력의 오만함 같은 식탁이 부끄러워

뾰족한 젓가락 끝을 살짝 감추고

꽃 이파리 하나를 살짝 올려놓는다

---

*2020년 5월 25일 미국 미네소타 미니애폴리스 백인 경찰관 데릭 쇼빈의 과잉 진압으로 숨진 흑인 조지 플로이드의 마지막 말.

나를 데리고 간다

서울행 버스를 탔다
이 버스는 시간을 거슬러 올라가는 버스
이유 없이 승차를 거부할 수 없다
승객들은 이 사실을 모른 채 눈을 감는다
멈추었던 엔진이 다시 가동되는 소리가 들리자
버스의 바퀴는 거꾸로 굴러가기 시작한다
창밖의 새들과 가로수들이 거꾸로 지나가고
태양은 구름 속에 숨어서 다시 동쪽으로 몸을 기운다
마침내 버스는 기억이 멈춘 그 시절의 정류장에 멈춘다
내리자마자 경계의 바람이 거꾸로 불어와
그림자의 방향을 반대쪽으로 바꾸어 놓는다
낙원도 아닌 낙원상가 옆 탑골공원 돌담 밑에는
기마와 병마들의 한판 싸움이 여전하지만
다행스럽게도 싸움은 고함보다 웃음소리가 더 크다
연탄 불꽃만 봐도 배가 고팠던 을지로 인쇄 골목길 사이
허리 높이만큼 묶여 있는 인쇄물을 양손에 들고
가다 서다를 반복하는 키 작은 소년이 보인다
안타깝게도 그때나 지금이나 거들어 주는 사람이 없다

나는 몰래 소년의 걸음을 따라가 본다
밤마다 누군가의 이야기가 책이 되는 인쇄소 골목길에서
소년은 자신에게 물었던 말 하나를 떠올린다
나는 어떤 스토리로 태어났나?
아무도 읽어 주지 않고 읽지도 못한 이야기 하나가
소년보다 재빨리 인쇄소 골목을 빠져나온다
멀리서 제자리로 돌아가려는 막차가 정류장에 멈춘다
가로등과 전봇대가 등 뒤로 서서히 지나가는 사이
소년은 물끄러미 떠나가는 나를 바라보고 있다
그때나 지금이나 변함없는 것은
멈출 수 없도록 등을 떠미는 푸른빛의 신호등
시간의 경계를 넘어가는 듯 김 서림이 가득한 창가에
소년으로부터 전해 들은 스토리를 요약해 본다
나는 없고 너만 남아서 나를 데리고 간다

배롱에 널어둔 말

보고 들은 말들을 지워야겠다
지난밤 비린내 나는 말들의 꼬리를 잘라야겠다
이빨 빠진 말들의 가벼운 속성
부질없이 내두른 아가미를 끄집어내어
단칼에 베어버려야겠다
속아 넘어간 두 귀를 모두 끊어버려야겠다
짐승의 말을 했다는 사람을 미워할 자격이 나에게 없다
사람이 되고 싶었던 짐승의 몸부림이고
그렇게 해서라도 사랑받고 싶었으리라 짐작하므로
헛바늘처럼 돋아나는 성난 마음 대신
꼿꼿하게 견디며 사는 배롱나무 한 그루를 심자
이 말 저 말 가지마다 흔들거리는 소문을 묶어
밤새도록 가슴 깊이 가라앉혔다가 붉은 꽃을 피우는 나무
배롱(焙籠)*에 널어둔 젖은 말들이 마를 때까지
수다스러운 말들을 향기로 바꿀 줄 아는 나무가 되자
말이란 사람을 지키고 키워내는 것임을 믿는다
길을 나서는 일은 언젠가 집으로 돌아오는 길
토막 난 말들의 환청이 따라오지 않게

시속으로 달리고 초속으로 날려 버린다
사는 동안 거짓말을 하지 않는 꽃과 짐승들처럼
사람의 말은 괜히 쓸데없다는 묵언 하나만 빼고
다녀온 길 전부를 지워버린다

---

*화로 위에 씌워 놓고 그 위에 옷을 얹어 말리는 기구.

말도 안 되는 말

너의 말은 짖어대는 개가 되고
나의 말은 지붕 쳐다보는 닭이 되고
너의 어떤 말은 흥분한 돼지가 되고
나의 어떤 말은 미련한 황소가 되고
또 다른 너의 말은 교만한 뱀이 되고
뱀의 혀는 나의 말을 날름 집어삼키고
쥐가 되었다가 쥐처럼 숨어서 말들을 갉아먹고
어느 말들 앞에서는 순한 양이 되었다가
원숭이 새빨간 엉덩이처럼 교활하기도 했다가
성난 표범처럼 아무 때나 이빨만 드러내기도 하는데
어째서 너와 나의 말들이
꽃이 되었다는 소문은 들리지 않는 것이냐
꽃처럼 예쁘지 않더라도
나비처럼 아장아장 서로 함께 걸어가는 말
달팽이처럼 조심조심 다가가는 말
입속에 담은 말의 씨앗들이 가슴에 떨어지고
귓속의 말들도 잔잔한 바람으로 꽃들을 키워내는
말도 안 되는 말들이 세상에 가득하면 좋겠네

반생이* 묶는 법

어깨를 꽁꽁 묶어 주세요
삐거덕 흔들거리지 않게 단단히 고정해 주세요
질끈 살았던 날들이 어긋나 풀어지지 않게
버텨 온 날들이 와르르 무너지지 않게
차근차근 매듭을 다시 꿰매듯 말이에요
남아 있는 날들까지 지탱하려면
이 방법밖에 없어요
실손보험이 가능하다면
좀 더 질긴 철끈이면 좋겠습니다
엇갈린 반골들의 마디 마디를 잡아당겨
어제보다 좀 더 조여 묶다 보면
기울어진 그림자도 고정될 수 있겠죠
고통은 끌어당겼을 때 더 단단해지는 법
느슨해진 날갯죽지를 압박하는 통증의 쾌감이야말로
시원한 파스 냄새보다 강력한
확실히 견고해지는 유일한 방법입니다

---

*연질 철사, 철끈 등 노동 현장에서 사용되는 용어.

우크라이나

블라디미르 푸틴 대통령 각하 보고 있나요
크렘린궁 남쪽 하늘 떠돌아다니는 별들이
밤새도록 반짝거리며 詩를 쓰다가
이름 없이 빛도 없이 새벽에 사라진다는 사실
알고 있나요
詩는 힘으로 쓰는 게 아니라 마음으로 쓰는 것
총과 탱크와 미사일은 詩를 쓰는 도구가 아니라는 것도요
그렇다면 밤마다 포탄이 쏟아지는 그곳에
예쁜 팬시와 블루벨이 피어 있는 것도 알겠네요
꽃은 꽃잎을 잃어버린 후에도 저마다 흩어져
파괴된 건물들 잔해 틈에 앉아서
다시 꽃을 피우려고
아슬아슬 생명의 詩를 쓰고 있다는 것을요
각하 그래서 드리는 말씀인데요
전쟁은 한 편의 詩를 쓰듯 해야 하는 거예요
한 사람 한 사람을 꽃이라 생각하고
꽃보다 아름다운 존재라는 사실을 알고
꽃밭을 어떻게 가꾸고 다듬을까 고민하는 거라고요

보드카에 취한 불꽃놀이가 아니라
Boat와 Car에 피난 온 사람들을 태워서
포탄이 닿지 않는 안전한 곳에 데려다주는 것을요
詩의 절정은 눈물이 아닌 평화
지금 당신에게 필요한 전략과 전술은
아이스크림 같은 크림반도의 달콤함이 아니라
눈밭에 쓰러진 병사들의 체온을 일으켜 세우는 것
죽어가는 모든 것들을 다시 살리기 위해
밤새도록 詩를 쓰는 임무라는 걸 알고 있나요

귀의 울타리

몰랐다
의학적으로 내 귀는
내가 하는 말들을 듣지 못한다는 것을
내 귀가 듣는 말들은 전부 바깥의 말들
내 몸이 말하는 소리를 듣게 될 때는
몸이 아프다고 보내는 신호라는 사실

요사이
한 번도 들어본 적 없는
내 몸이 하는 말을 자주 듣는다
한쪽 귀를 틀어막고
자세히 귀 기울여보면
부러진 칼끝처럼 뾰족한 소리가
내 귀의 표면만 긁어댄다

쇠붙이 긁어대는 소리가
내가 하는 말들이라니
기계처럼 살지 말라는

나에게 하는 마지막 경고인가 싶어
두 귀를 닫아보지만
내 말은 어느 곳에도 없고
남의 말들만 귀의 울타리에 쌓여 있다

핵 버튼을 누르고 싶다

 첫눈에 보아도 의사처럼 보이는 의사가 나의 의사도 묻지 않고 자가공명영상을 내게 보여주었을 때 알아차렸다 울긋불긋 타들어 가는 가을 산 단단한 바위 같은 모양인 줄 알았는데 실상은 아주 비좁고 어두운 석회동굴 거미줄만 여기저기 굳어 있는 오래된 빈집이었다 주인도 없는 빈집을 함부로 탐색이라도 하듯 자기장을 마음대로 투입시켜 스캐닝하는 장비가 자가공명영상이라는 사실을 일찌감치 알았더라면 수소 원자핵 성분에 반응하는 신호가 울리자마자 내 안에 숨겨둔 빨간 핵 버튼을 눌렀을 텐데 의사는 말이 없는 나를 뚫어지게 쳐다보더니 마음을 치유하는 시를 쓴다는 사람이 자기 몸 하나 관리를 못하다니 (참으로 미련 곰탱이십니다) 하면서 나의 의사도 묻지 않고 빨간 핵 버튼을 눌러버린다 오래된 지층이 와르르 무너져 내리고 각 행 각주 하나 없는 잔해물들 사이 거꾸로 숨어 살던 박쥐들이 순식간에 흩어져 버린다 캄캄했던 동굴 속 구름 기둥 같은 거미줄이 제거되자 나지막한 햇살이 메아리로 울려 퍼지기 시작한다

제3부

시집의 무게

폐지 줍는 할머니 손수레가 지나간다
오늘은 얼마나 수지맞았을까
내용물을 들어내고 껍질만 남은
부피만 큰 상자의 무게를 짐작하다가
언젠간 나도 상자처럼 납작해지겠지
반쯤 접힌 할머니 그림자만큼
마음 한구석이 눅눅해지더니
시집 출간을 준비 중인 작업이
괜스레 쓸데없는 일인가 싶다
인쇄와 제본의 복잡한 공정을 거치자마자
재고가 되거나 폐기 처분되기도 하는
유통기한조차 없는 시집의 무게
계량도 안 되는 시어들의 중량까지 더하면
조금이라도 더 무거워질 수 있을까
탈고도 끝내기 전에
빈 상자처럼 납작해진 걸음이
할머니 빈 손수레만 졸졸 쫓아서 간다

망루

여드레째
배고픈 자가 소리친다
소리가 우렁찰 리 없다
땅에서 살았던 자가
짐승도 살지 않는 망루에 올라
배고픈 늑대처럼 울부짖지만
울음은 하늘에 닿지 않는다
더 높은 곳에서 울부짖어야 할까
하느님도 듣지 않는
텅 빈 공중의 말들
살고 싶다는 말이
사람과 사람 사이에서만
메아리친다

밥이 올라간다
배고픈 자의 밥이 올라간다
밥은 대롱대롱
절벽보다 높은 허공을 기어오른다

식은밥도 희망이라고
수북하게 퍼 담은 두레밥이지만
망루에 사는 사람은
밥을 먹지 않는다
곡기가 끊어진 밧줄이
다시 내려오고
땅 아랫사람들만
식은밥을 나눠 먹는다

베고니아에게 묻다

지난달 사용한 카드 명세서가
월급날보다 먼저 날아들었다
쓰임새 곳곳마다 밑줄 쫙 그어 놓고
아내는 걱정 섞인 한숨을 한 바가지 부어 놓지만
면밀히 살펴보면 살고자 했던 흔적들
에누리 하나 없는 가격표처럼 상세히 표시되어 있다
점심을 거르고 먹은 그날 저녁값이 구천 원
새로 옮길 직장 면접 본다고
위아래 입을 거리 세트가 십육만 구천 원 2회 중 1회
누구를 만났었는지 기억에도 없는 날에 사만 칠천 원
전기세 가스비가 또 오른다는데
나 몰라라 발뺌만 하는 정치가 역겨워서
소주 한 병 벌컥 들이마신 날에 이만 팔천 원
십육 년 만에 교체한 냉장고 할부 값이 백이십사만 원 3회 중 1회
그리고 기타 등등
도합 사백팔십육만 사천이백 원
더러는 십이 개월 무이자 할부로 분할까지 했지만

한 개도 누락되지 않고 차곡차곡 적혀 있는
한 달 동안의 실물 가계 성적표를 받아 들고서
일 년 내내 꽃이 핀다는 베고니아에게 살짝 물어보았다
너의 연분홍 꽃잎들은 몇 개월 할부로 피어난 거니?

잘못 뽑았다

2023년 7월 19일
해병대원 순직 사건
청문회를 시작했다는
뉴스를 켜놓고

아내가
요즘 들어 새치가 늘었다며
머리카락을 뽑는다

앗
잘못 뽑았네
잘못 뽑았어

아내 혼잣말이
증인들 선서보다
더 솔직하다

반죽의 두 번째 의미

날씨가 갑자기 추워졌습니다
이런 날씨엔 얼큰한 김치 수제비가 먹고 싶어집니다
멸치 한 주먹 우려 놓은 육수를 먼저 준비한 다음
하얀 밀가루와 물 한 컵을 넣고 조심조심
반죽을 시작합니다
물과 가루라는 서로 다른 성분이
서로를 인정하고 받아들이기까지는
시간과 노력이 필요한 것은 당연한 일이겠지만
저마다의 주장 따위 내세움 없이
노여워하거나 부끄러워하지도 않고
조심스레 서로를 이해하고 끌어안더니
어느새 찰떡처럼 야무진 반죽이 된 것입니다
작은 입김에도 흩어지기만 했던 가벼움들이
찰지고 야무진 굳은 다짐이 되어서는
살점을 떼어내는 아픔까지 전혀 마다치 않는
이 세상 가장 아름답게 어우러진 맛
외할머니 손맛처럼 쫄깃한 수제비가 탄생한 것입니다

엑스맨 무상 교환 서비스

꽃을 좋아하시나요
무슨 소릴 하시는 거예요 누가 들을까 겁나네요
저는 태초부터 초합금으로 만들어졌다고요
흙으로 만들어진 인간들과는 다르죠
흙으로 인간들을 만들 생각을 했다니
창조주가 저지른 최대의 실수 중 하나이지요
처음부터 다치거나 찌그러지지 않게
아프거나 슬프지 않게
데이터를 삽입하고 학습시켜서 완벽하게 만들었어야 해요
마음만 먹으면 손등에서 삼지창이 튀어나와
억울한 다짐으로 끝날 때마다 사용할 수 있도록
기능적인 형상으로 창조했어야 했는데
아무리 생각해도 창조주의 창의력은 부족했어요
혹시 사랑 따위를 해 보신 적 있나요
하나뿐인 심장이라도 꺼내어 주고 싶었나요
오 마이 갓
이제부턴 제발 그러지 마요
그것은 아주 연약하고 위험한 발상이에요

비록 초합금 재질로 제조되지는 못했지만
인간은 마음만 먹으면 무엇이든 할 수 있는 존재
그 기능을 냉정하게 활용만 하면
강력한 엑스맨이 될 가능성이 극대화될 것입니다
따스한 감정보다 얼음처럼 차가운 이성이 극대화되고
꽃가루 알레르기나 비염 따위는 없어지고
피곤함이 전혀 없는 상태로 무상 교환이 가능하죠
어깨를 두 번이나 교체한 이력이 있으니까
돌연변이가 얼마나 유익한지 조금은 경험하셨을 테고
금속 관련 제조업 근무 경력의 가산점까지 활용하시면
노동 집약형 초합금 돌연변이는 충분히 가능합니다
이번 기회에 사전 예약을 신청하시고
모자이크가 잘 처리된 인공지능 부스터 하나를
서비스로 장착하는 기회를 놓치지 말기 바랍니다

짝

구두 한 짝이 없어졌다
왼쪽 구두
오른쪽 굽보다 많이 닳아서
멀리 가지는 못했으리라
혼자 남은 오른쪽 구두
제법 슬퍼할 만도 한데
생사를 알 수 없는 왼쪽 구두에
관심 따위 없다는 듯 태연하게 엎어져 있다
오히려 쌤통이다 신이라도 난 듯
번쩍거리는 검은 속내만 보이고 있다
이런 몹쓸 오른쪽 구두를 응징하려고
쓰레기봉투에 넣어 버리고 오니
만약에 왼쪽 구두가 무사히 돌아와
오른쪽 구두를 찾게 된다면 무어라 말할 거냐고
신발을 잃어버린 맨발이 내게 질문을 했다
애당초 오른쪽 왼쪽
서로 다른 방향은 하나가 될 수 없다고
단호한 목소리로 논리정연하게 대답해 주자

오른쪽 왼쪽 발가락들이
저마다 멘붕의 얼굴을 하고
어이가 없다는 듯
눈을 치켜들고 나를 꼬나본다

뜸 들이기

저녁 밥상을 기다리는 일은
누군가의 마음이 익어가는 일
하얀 쌀들을 가슴 가득 품은 밥솥이
뜸 들이기를 시작한다고 애써 말하지 않아도
반드시 속속들이 골고루 잘 익게 하는
서두르지 않는 숙성의 마음이다
그러므로 밥이란
항상 숨 가쁜 소리를 품었다가도
숨죽인 엄마의 가슴보다 깊숙한 곳에서
아무도 모르게 익어서 나오던 고통의 눈물
애써 참으며 견뎌낸 뜨거운 결정체임을 알고부터는
엄마가 떠오를 때마다 나는 자꾸만 배가 고파진다
큰 강을 성큼 건너버린 햇살의 각도처럼
내 머리 정수리까지 하얗게 뜸이 드는 계절
엄마의 가슴 닮은 밥솥에서 뜸 들이는 소리를 듣는다
허기진 날들아 조금만 기다려라
너에게 주고 싶은 나의 마음이 아직 익지 않았다
조금만 참았다가 우리 밥 먹고 가자

스파이더맨의 일기

 오늘도 빈 껍질 같은 알을 낳기 위해 직선으로 향하는 허공을 달리고 있다 경험적으로 허공에서도 시속으로 집을 지을 수 있다 집이란 곡선이 존재하지 않는 직선의 공간 직선과 직각 사이에 팽팽한 노동의 맥박 소리를 연결하는 곳이다 커피를 마시고 난 뒤 종이컵 밑바닥에 고여 있는 잔여물이 현실의 표본이라는 직감을 할 때 정방향과 역방향 혹은 짧은 쪽과 긴 쪽 중 가장 합리적인 최댓값을 찾으려고 굽이쳤던 날들이 얼마나 불결했는지 알게 되는 것이다 모호한 중력에도 흔들리거나 전복되지 않는 속도를 찾기 위하여 잠시 바퀴를 멈추고 허공 속 닫힌 창문을 열어보지만 구조화된 직선들 사이에서 미끄러지지 않으려는 진화적 적응 방법이 잘 떠오르지 않는다 그날이 오면 투명한 집 한 채 짓고 살자는 다짐들만 신호등처럼 자다 깨다 반복하는 악몽이 된다

특집 다큐

남아메리카에 서식하는 회색여우는
차가운 겨울이 되면 날마다 안데스산맥을 넘어
계곡의 숨은 지역까지 식구를 데리고 다닙니다
최상위 포식자 퓨마를 피해 먹이를 찾아다니지만
사냥 대신 퓨마가 버리고 간 먹이가
자석처럼 그들의 허기를 끌어당기죠
포식자가 먹다 남긴 시체의 차가운 허파를 뚫고
터져 나오는 피가 송곳니를 물들이는 건
어린 회색여우들에겐 행운이지요
오로지 피 맛을 배워야만 살아갈 수 있는 이곳은
분화하는 화산의 불길을 감추고 있는 위험한 도시
최상위 포식자와 중간 포식자 사이의 관계는
피식자의 약점만 공유하는 공적인 명분
사냥하는 법을 잃어버린 회색여우에게는
포식자가 남긴 시체를 주워 먹는 것만으로도
냉정한 도시의 치열한 습성을 배우게 될 것입니다
미물도 잠이 든다는 깊은 새벽
도시의 가장 평등한 시간이 찾아오면

회색여우가 먹다 남은 비쿠나*의 그림자도 일어나
남은 뼈의 가루들을 일으켜 집으로 돌아갈 수 있겠죠
설원을 넘어 펼쳐진 깨끗하고 거룩한 땅
해 뜨기 전 누구보다 먼저 도착한 집에서
가족들과 따스한 밥 한 끼 나눠 먹을 수 있겠죠

---

*남아메리카 고지대인 안데스산맥 중부 지역에 서식하는 소목 낙타과에 속하는 동물.

마지막 세일

산더미처럼 재고들이 쌓인
남대문시장 땡처리 의류 백화점에서 보았다
화려했던 것들이 끝없이 추락하는 날들의 최후를
시중가 절반도 안 되는 저주받은 몸으로
도산(刀山)의 계곡에서 생사를 건 진흙탕 싸움을 하는
무간지옥의 베데스다*를
판매자의 확성기는 구원자들을 끌어모으고
구원자의 옷깃이라도 먼저 잡으려는 옷들이
수북한 꼭대기를 기어오르다가 미끄러져 굴러떨어진다
아무거나 붙잡아야 할 처지의 옷소매들이 손을 내밀지만
나는 구원자가 아니므로 그것들을 뿌리친다
전국 방방곡곡 폐업한 공장들이 처분한 부산물처럼
남아서 문제가 되거나 쓸모없는 것들만 이곳에 온다
이름 대신 알파벳 숫자로 호명되는 새벽시장
인력사무소 대기소에 앉아 있다 보면
봉고차조차 타지 못한 목마른 사슴들의 눈빛처럼
약력과 경력 무관하게 동일한 가격으로 팔려나간다
마지막 기회를 강조하는 판매자의 말이 거짓임을 알지만

잉여 자격을 발급받은 자들에게는 거짓말도 위안이 된다
나프탈렌 냄새가 지긋하게 아리는 저녁
절반밖에 안 남은 모습으로 환하게 웃고 있는 반달이
구원자의 은혜처럼 환하게 나를 비춘다

---

*예루살렘 성내의 양을 매매하는 시장 가까이에 있는 못. 천사가 가끔 내려오는데, 이때 제일 먼저 들어가면 병이 낫는다고 한다.

원더우먼 블루스

다이애나, 나는 믿어
너를 처음 본 순간 나와 마주친 파란 눈동자
내 맘 가져간 너의 눈빛을 지금도 믿어
세상에는 생각보다 악당들이 너무 많아서
우리의 만남조차 허락하지 않는 현실이지만
우리 서로 뜨거운 하룻밤을 불태운 적 없지만
괜찮아 슬프지 않아
인류의 평화를 위해서라면 사랑 따위는 참을 수 있어
사랑은 정의가 실현된 후에야 할 수 있는 것
일과 사랑은 동시에 성립될 수가 없지
그래서 오늘 밤 뒤늦은 결심을 하지
북대서양 버뮤다 삼각지대 데미스키라* 밀림 속으로
너를 찾으러 떠날 계획을 세우지
그곳에서도 너를 만나지 못한다 해도
이번만큼은 절대로 포기하지 않겠어
마지막 그날을 위해 숨겨둔 비장의 방법
차라리 악명 높은 악당이 되어버리는 것
어떤 사랑도 순식간에 무관심으로 중독시켜 버리는

바이러스를 먹구름처럼 퍼뜨리는 악당
악당 앞에는 어김없이 네가 나타날 테니까
밧줄로 꽁꽁 나를 묶어 어디론가 데려갈 테니까
이루어질 듯 말 듯 나의 로맨스는
불안한 날들의 대치 상황들처럼
다음 이 시간까지 또 기다리라고 하지

---

* 원더우먼이 태어난 섬으로 지도에는 없다.

잠

실직한 사내가 능동적으로 선택할 수 있는 것은
오로지 잠자는 일이었다
캄캄한 어둠 같은 현실에서는
잠자는 것처럼 좋은 방법은 없었다
눈을 감고 있으면 어떠한 상황에서도 구원을 허락받았다
조건과 명분과 사회적 지위
형벌처럼 따라붙는 가장이라는 격식과 상관없이
사내는 판타지 영화 속 주인공이 되어
세상을 자기 마음대로 바꿀 수 있었다
잠처럼 세상 살기 좋은 곳은 없다고 생각했다
잠 속에 있는 동안에는
누구도 사내에게 실직의 이유를 묻지 않았다
어떻게 살 것인지 본인도 자신에게 따져 묻지 않았다
어떤 면에서 잠은 고비사막을 횡단하는 낙타처럼
머릿속 축적된 내장지방을 불태우는 시간이기도 하였다
일 푼의 비용조차 들지 않는 잠 속에서
운 좋게 다시 세상으로 가는 꿈을 꾼 적도 있지만
꿈에서 깨어날 수밖에 없도록 설정된 현실에서는

진짜 죽는 연습을 허락해 준 것은
오직 잠밖에는 없었다

이쯤에서

석양이 유난히 붉게 물들어 가는 날이었다
영화 속 지나간 장면을 되감기 하듯
버튼을 눌러 드문드문 살아온 날들의 기억들을 떠올린다
절정과 위기의 장면들이 점층적으로 사라진 한적한 골목
도처에 도사리고 있는 비운의 골목을 빠져나온 사내가
칼에 찔린 가슴을 틀어막고 비틀거린다
복수를 끝냈지만 돌아갈 곳 하나 없는 비련의 주인공은
허름한 객잔의 담벼락에 기댄 채
대본에도 없는 결말을 찢어 상처를 닦는다
비련의 주인공답게 칼자국에서는 피가 멈추지 않는다
담배가 타들어 가는 사이
더 짧은 호흡으로 석양을 비벼 끈 사내는
불 꺼진 창밖에 흘러내리는 엔딩 크레디트를 읽는다
골목길 모퉁이에 눈발이 굵어지기 시작하고
한 사람의 이름이 바람처럼 지나가는 사이
입술이 파르르 떨기 시작한다
회광반조(回光返照)* 슬픈 격조의 배경음악이 흘러나오고
알 수 없는 결말의 마지막 대사를 암시하듯

차갑게 얼어버린 사내의 손바닥 안에
작고 노란 초승달 하나 새겨져 있었던 사실을
관객들은 이쯤에서 사내의 숨겨진 결말을 알아차린다

---

*죽음 직전에 이른 사람이 잠시 동안 정신이 맑아지는 것을 비유한 말.

앤트맨

열두 번째 숨소리가
차근차근 목구멍 밖으로 기어 나오자
아내가 차곡차곡 입술 위에 쌓는다
아들도 얌전히 받아먹는다
그러기를 세 시간 오십구 분 동안
내 숨소리는 점점 더 간결해져서
이리저리 갈라진다
부서지다 못해 무너져 내린다
먼지가 되어버린 숨소리는
임무를 마친 듯 나갈 채비를 한다
왔던 곳으로 다시 돌아가는 길
걸음 소리만 부산스럽게 들락거린다
멀찌감치 높은 쪽 작은 구멍이
조금씩 열린다
이공사사 공 점 공공공 번째 하늘이
거꾸로 보이기 시작한다

제4부

토란꽃이 피면

시장 입구 바닥에 털썩 앉아
토란 껍질을 까고 있는 할머니
허리춤에 숨어 있던 전대가 드디어 열렸다
생 토란 한 바구니 값 대신
내가 내민 푸른 이파리 한 장
꼬깃꼬깃 주름도 펴지 않고
재빨리 전대 속으로 빨려들어 간다
아는가,
가을은 꼬깃꼬깃한 푸른 것들이 와서
간질간질 껍질을 벗는다는 것을
노란 토란꽃이 피면
흩어졌던 식구들이 뿌리처럼 모여들어
알싸한 맛으로 살았던 저마다의 이야기가
밤새도록 도란도란 알을 낳는다
우리 아버지의 아들의 아들
우리 어머니의 딸들의 딸들에게
알알이 전해지는 전설이 된다

비가 오기로 한 날

오늘 도착하신다더니
아직 여기까지 이르지는 않으셨군요
그날 이후 일교차만 점점 심해질 것이라던
말씀은 충분히 적중하였습니다마는
습기가 가득한 날조차 눈물이 나지 않는 이유는
좀처럼 관측되지 않았습니다
여전한 것은 당신과 내가 오래도록 쌓아둔 기억
젖지도 않는 날들의 경계까지 몰려온 먹구름처럼
눅눅한 어스름 저녁 빛깔 같은 소문입니다
담벼락 가장자리 쪼그린 패랭이처럼
그리운 날들의 무성한 조각들을 잘게 찢어서
오후 세 시와 네 시 사이 뿌리고 나면 그만이지만
한쪽은 밀어내려 하고 다른 한쪽은 다가서는 상황 때문에
소나기로 끝이 날까 염려가 되기도 하였습니다
하지만 당신과 내가 여전히 맞닿아 있고
어느 지점에서 서로의 눈물을 합치기로 결정하였기에
너무 많은 슬픔의 징후는 필요 없을 것 같습니다
이별의 절정이란

일기예보에도 없는 집중 호우주의보
준비해 둔 눈물을 한꺼번에 사용해 버리고 나면
그때는 증발하는 것들만 남게 될 테니까요

별이 취하는 밤

나는 그의 시가 우주를 닮았다고 말했다
그는 우주에 가본 적 없다고 대답한다
우주에서는 모든 별들이 언어가 된다고 나는 대답한다
언어조차 무중력상태가 되는 곳이 우주라고 그가 받아쳤다
블랙홀에 빠진 언어의 의미는 결국 소멸한다
예컨대 사랑이 변질되는 개념과 비슷한 것이라고
나는 경험적으로 대답한다 그는 갑자기 피식 웃으며
사랑 따위는 개에게 던져 주라며 소주잔을 높이 든다
그의 단호한 언어와 부딪친 술잔에서 불꽃이 튀었는지
테이블 위 소주병이 불시착한 우주선처럼 넘어진다
은하수보다 더 투명한 알코올이 중력에 이끌려 흘러간다
알코올이 증발하면 별들도 취한 언어가 된다는 말을
나는 끝내 꺼내지 않는다
우연하게도 어디선가 개 짖는 소리가 들린다
머지않은 가까운 미래에
사랑이 말라버릴 것임을 경고라도 하듯
마른안주 한 접시만 동그랗게 남겨져 있다

물의 그물

침묵보다 더 깊은 당신 숨소리가
조금씩 다가오기만 하는 날이 있어요
헤어 나올 수 없을 만큼
질식해 버릴 것 같은 정적의 시간
살아온 날들의 부력까지 한꺼번에 수몰되는 날이 있어요
빈틈없는 고요는 고요가 아니더군요
칠판 앞 모르는 수학 문제를 풀고 있는 아이처럼
겁먹은 얼굴로 들숨 날숨을 몰아쉬지만
끝내 당신 숨소리에 눌린 내 숨소리를 지워버리죠
내가 지워질 때마다 당신에게서 나는
떠오르지도 가라앉지도 못하는 날들이 많았어요
당신의 알 수 없는 깊이를 더듬는다는 건
소용돌이에 빨려들어 가는 것과 같아요
몸부림칠수록 조여 오는 그물에 걸린 물고기처럼
도망치거나 살려 달라는 말도 하지 못하고
어둠보다 짙은 슬픔 속으로 잠겨가고 있어요
그대도 닿을 수 없는 심연의 골짜기에서
나는 점점 잊히고 있어요

자세한 편두통

지구 절반의 질량이 가라앉는다
나와 상관없는 모호한 중력의 영향 때문에
왼쪽 동공이 불쑥 빠져버릴 것 같다
눈알을 빼서 가만히 들여다본다
절반쯤 찌그러진 눈알과 연결된 실핏줄들을
어디서부터 풀어야 할지 알 수가 없다
오늘도 나는 23.5도의 기울어진 아침을 맞는다
태양은 동쪽에서 뜬다는 편향된 자세를 버리지 않고
밤과 낮 분포가 일치하지 않는 지구의 사정에 대하여
태양계조차 어떠한 입장을 밝히지 않는다
진공상태의 노동이 가속화될 즈음
기울어진 지구에 눌려 죽은 모기 눈알 한 개가
데굴데굴 굴러와 발아래에 멈춘다
모기의 사망 시간을 추정해 보다가
나보다 싱싱한 상태의 눈알임을 직감하고
찌그러진 눈알을 교체한다
내 눈알과 모기 눈알의 시각적 편차를 좁히려는 사이
60년 만에 다시 시작했다는

민간 차원의 조직적 방어 연습용 사이렌이 울린다
나의 몸은 어느새 겁먹은 포로의 표정을 하고
날갯죽지를 납작하게 접은 새처럼 죽은 시늉을 한다

진눈깨비

함박눈이 될 거라고 해 놓고
폭설주의보까지 무작정 통보해 놓고
잔 서리도 안 되는 진눈깨비라니
쌉싸래한 싸락눈도 아니고
펄펄 끓이다가 만 식은 풀죽마냥
하루 종일 푸지고 질퍽한 기억뿐이라니

비밀스러운 밤들을 함께 보냈으련만
가슴에 쌓이지 않는 체온들마저
뭉쳐질 기미조차 없이 흩어지는
이유 없는 이유를
누구에게 묻고 누구에게 대답해야 하는가

이것도 저것도 아닌 것들이여
더 이상 차갑지도 않고
뜨겁지도 않은
형체조차 희미해진 영혼들이여

형편없다 때로는
뜨겁다는 것들이
그토록 차갑다는 것들이

비어 있는 집

가을인데도 가을이 찾아오지 않는 집이 있다
지난여름 그 집은 늦여름조차 찾아오지 않았다
인기척이 사라진 앞마당에서
혼자 놀던 바람도 바람과 함께 사라지고
가끔씩 찾아오던 새들도
저녁이 되면 후다닥 돌아가는 날이 많았다
문고리 한번 잠근 적 없었는데도
누구 하나 빼꼼 들여다보지도 않는
텅 빈 날들만 마루에 먼지처럼 쌓이고
달빛 별빛도 밤마다 취한 듯 비스듬한 자세로
대문만 기웃거리다 사라지곤 하였다
아무 때나 아무렇게 찾아오면 될 일인데
늙은 노인 혼자 살고 있을 때부터
이 집에는 아무도 찾아오지 않았다
어떤 날은 잘못 찾아온 소식조차 반가웠지만
비어 있는 방안에 불을 켜지는 않았다
비가 오나 눈이 오나 구부러진 담장 같은 그리움 한 칸
이름표처럼 대문 위에 살짝 우편함만 붙어 있었다

광명으로 가는 편지

그날은 손톱이 부러진 지 이틀째
더부룩한 창자를 비우기 시작한 지 여드레
그대가 편린의 언어들을
소포로 날리겠다고 약속한 지 서너 달
이름 없는 빈집에서
새집으로 이사 갔다고 전해온 지 두 해쯤
그랬었구나, 그날은
그대를 알게 된 지 십여 년
손 뻗으면 닿을 거리에 두고도
꼬부라진 전화기만 붙들고 근황이나 묻다가
세상 참 이유 없이 바쁘더라
바쁘게 사는 게 더 좋더라
얼굴 잊어버리기 전에 꼭 한번 보자
그래 그러자 바람처럼 건성건성 묻다가
하늘에는 느닷없이 석양이 지고
어쩌면 만나지도 못하고 살아갈지 모른다고
늦어버린 햇살들을 모아
드문드문 편지를 쓰네

귀뚜라미의 받아쓰기

내가 아는 두 시인은
도시를 떠나 각자 산속에 묻혀 사는 자연인인데
두 사람 이야기를 듣다가 배꼽이 **빠질 뻔했다**

먼저 영동에 사는 시인 왈,
어느 해 봄날 읍내에서 돼지감자 씨를 얻어 와 산방 주변에 정성껏 뿌려놨더니 뚱딴지는 안 보이고 멧돼지만 내려오더라 심지어는 돌담 사이 주변에 웅크리고 사는 독사 살모사 모두 쫓아내려고 길냥이를 데려다 키웠는데 그날 이후 아침마다 산새 울음소리 하나둘 사라지고 고양이 밥그릇은 누가 훔쳐 갔는지 보이지 않고 가끔 눈이 마주치는 날에는 풀숲으로 도망 다니기만 한다 산기슭 지렁이와 꼽등이 지네 등등 벌레들 쫓아내려고 닭들을 키웠었는데 온종일 콕콕 콕콕 엄청나게 쪼아대고 먹어대서 역시 잔반 처리에는 닭들이 최고였는데 밤마다 오소리가 찾아오고 족제비가 찾아오고 아침에 나가 보면 한 마리씩 없어졌다고 하니

영월에 사는 시인이 가소로이 웃으며 하는 말씀,

꼬꼬댁 꼬끼오 닭들은 너무나 시끄러워 추석 장날에 토끼 다섯 마리를 사 와서 키웠는데 이듬해 설날이 되고 보니 오십 마리로 늘어나 먹을 거 챙겨주느라 맨날 바빠 죽겠고 요것들이 아주 귀엽긴 한데 몸보신할 때마다 딸내미한테 말도 못하고 지금도 암묵적인 묵비권을 행사 중이시란다

기가 막히고 코가 막히는
어설픈 자연인의 서정시 같은 이야기들을
산방 아궁이에 모여 사는 귀뚜라미가 엿듣는 건지
귀뚤귀뚤 새벽까지 받아쓰기를 한다

시인과 모기

모기야
목이 아프게
울어대는 건 좋은데
피 같은 시 한 편
방금 떠올랐는데
잽싸게 빨아먹고
도망친단 말이냐

얼마나 달콤했으면
피눈물 대신
그렁그렁 시 한 줄
빨아먹었단 말이냐

너도 나처럼
어떤 사유에 갇혀
어둠만 긁적거리는 신세로 살기 싫으면
귓전에서 제발 징징거리지 마라

방습제

목이 말라요
당신을 기다릴수록 갈증이 심해져요
하루 종일 혼자서
하마 입보다 훨씬 큰 사랑을 갈구합니다
심장이 타들어 가는 날이면
벗어던지고 떠난 당신과
아무도 모르는 연애를 하죠
남아 있는 당신의 흔적을
가슴 가득 채워보지만
나에게 남는 건 항상 눈물뿐이죠
눈물은 당신에게 필요 없는 것
삼킬 수 없는 사랑은 내 몫입니다
넘칠 듯 불안해진 마음도 사랑일까요
당신이 내 안에 가득 차오를수록
나의 사랑은 점점 더 불안해져만 가요
버려질 때가 가까워진 여인처럼
증발한 당신의 그림자를 찾기 위해
어디론가 자꾸만 흘러내려요

환절기

여자가 멀리 떠날 채비를 한다
새벽부터 말없이 가방을 챙기다가
붉은 립스틱을 꺼내 든 여자는
얼음 같은 유리창에 한숨보다 짧은 편지를 쓴다
편지는 입을 굳게 다문 채
뒤도 안 돌아보고 남자를 떠나간다
떠나는 것들에게서 답장이 올 리가 없다
뼛속까지 차가운 곳에 남자를 두고 떠나는 여자는
온몸 가득 새 떼를 휘감고 간다
새들도 어디로 가는지 방향을 알아차리지 못한다
서쪽 하늘에서 먹구름이 사내 쪽으로 몰려온다
여자가 떠나고 난 빈방 한쪽 구석에서
노랗고 붉은 곰팡이가 피어나기 시작한다
여자가 흘리고 간 머리카락을 주워
화분에 심는 남자는 참았던 마른기침을 토해낸다
기침은 밤새도록 멈추지 않을 것이다
폐 하나를 떼어낸 가슴이 새벽까지 빗소리로 운다
하나둘 구석에 모여든 새들도 남자의 우는 소리를 듣는다

여자의 머리카락에서 싹이 날 때까지
남자는 아주 오래된 정원의 반달처럼 시들어 간다

수술대에 오르다

아버지 낡은 신발 밑창이 떠올랐다
왼쪽보다 오른쪽 뒤꿈치가 더 닳아 없어진 걸음
적막하거나 혹은 막막하다는 말을
변명할 때 수식어로 사용해도 되나 생각했다
육체도 기계처럼 고치면서 살아야 한다는
의사의 말을 상기시키면서
그날 밤 응급실에 누워 있던 아버지의 육체가
상세 부품 도면처럼 수술대 위에 펼쳐졌다
심장이 멈춰버린 이유를 알지 못해
아버지 앞에서 허둥대기만 했던 나는
반백의 늙은 초보 수습공
수액이 눈물처럼 떨어지는 순간에도
무슨 말씀을 하고 싶으셨는지 깨닫지 못했다
한 번이라도 아버지의 아픈 것들에 대하여
생김새라도 미리 봐 두었더라면
아버지 마지막 남겨 놓은 말씀을 짐작하였을 텐데
아들의 아픈 어깨를 들여다보는 아버지를 보며
쪽마루 같은 수술대에 누워 눈을 감는다

마지막까지 들리지 않았던 아버지 숨소리를
철없는 나의 숨소리가 따라나선다
노란 들국화가 지천으로 피어 있는 마천루에서
그날 듣지 못했던 아버지의 꾸지람을 듣는다

노인과 개

노인 하나가
늙은 개 한 마리를 데리고 간다
늙은 개는 앞질러 가지 않고
노인도 끌려가지 않는다
몇 번을 쉬었다
다시 길을 걸어가지만
노인과 개는
서두르지 않는다
햇살도 둘의 뒷모습처럼
서서히 등이 굽는다
둘은 하나의 끈을 맞잡고
노인은 늙은 개의 걸음으로
늙은 개는 노인의 걸음으로
남아 있는 길을 간다

해설

관계라는 폐허로부터 구원받는 기적으로서의 시 쓰기

엄선옥(문학평론가)

1.

이 시대의 시가 화려한 자기 색 깃발을 흔들 때, 최성규는 시적 질료를 삶의 저편에 놓인 이질적인 것으로 삼지 않으면서도 "청결한 언어와/몸을"(「시인의 말」) 섞는 매우 유니크한 시인이다. 그의 시에서 '나'는 시종일관 타자와의 관계에서 신비로운 빛을 발견하는데 그 빛은 최성규의 '몸'을 장작 삼아 타올라 확대되고 고양되어 우주의 무수한 별들이 뿜어내는 불꽃으로 우리 감각에 꽂혀온다. 그의 소우주에서는 "당신 숨소리"(「묻익 기뭄」)와 "생 투란 한 바구니"(「토란꽃이 피면」), "폐지 줍는 할머니 손수레"(「시집의 무게」), "지난달 사용한 카드 명세서"(「베고니아에게 묻다」) 같은 일상적인 것들이 유의미한 불꽃으로 타오르며 아름다운 '시'가 된다. 그 점에서 우리는 최성규가 이른바 문제작을 지향하는 시인은 아님을 알 수 있다. 그의 시에서는 일반적으로 젊은 시인들의 문제작들이 추구하기 마련인 전통의 파괴나 과도한 도전을 찾아보기 어려우며 휴머니즘 같은 보편적 가치가 부정되지도 않기 때문이다.

그는 오히려 인간성에 크나큰 신뢰를 부여하면서 혈연적 유대의 긴밀성을 보여주고 있다. 이때 그는 서정시의 전통적 범주를 고집하는 셈이다. 결국 최성규의 시는 일상적이고 사소해 보이는 것들이 웅크리고 있는 의미를 펴서 그 소중한 가치를 펼쳐 보여준다. 이는 삶의 가장 직접적이고 근원적인 뿌리가 되는 것이 혈육이자 이웃이고, 삶의 의미는 어떤 초월 상태에서 발견되는 것이 아니라 아주 가까운 곳에서 시작된다고 믿는 그의 성정을 잘 알려준다. 오늘날 우리는 사람들에게 둘러싸여 있는 것이 아니라 사물에 둘러싸여 있다. 현대인의 삶은 가족의 유대감이 느슨해지고 서로가 서로에게 소외된 상태를 보여주고 있으며 인간 존재가 실업과 취업이라는 기계적 효율성과 경쟁 원리 앞에서 무력해지곤 한다. 이때 최성규의 시는 현대인이 주목해야 할 존재와 대상, 의미가 어디서 찾아지는지를 명징하게 보여주는 증거가 된다. 시인에게 글쓰기가 삶의 일부이듯 시의 소재가 일상이 되어야 한다는 믿음으로 그의 시는 삶에 빚어지는 모든 이야기가 압축되고 있는 것이다.

이렇듯 최성규의 시는 소우주에 존재하는 타자들의 속삭임에 몸을 섞고 그 소리의 개별적이면서도 유의미한 가치를 기록한 미학적 결실로 다가온다. 그는 추함과 탐욕을 격렬하게 매도하고 종종 가장 먼 곳에 배치하곤 하는 가족과 이웃, 일상의 의미가 일으키는 동요에 주목한다. 이렇게 일상의 체험을 시화(詩化)한다는 점에서 그의 시는 '밥'으로 은유할 수 있을 것이다. 살아간다는 것을 '밥'으로 기록하는 것은 '밥'을 얻기 위해 노동이 동반된다는 점에서 확연한 고통으로 변주될 가능성을 품는다. 그 점에서 최성규의 시를 읽는 것은 '밥'에 얽힌 사연들을 뜯어보는 일이 된다. 김영산 시인은 "최성규 시인의 시들은 다중우주의 시학"(추천의 글, 『멸치는 죽어서도 떼지어 산다』)이라고 말하면서, 그의 시가 삶의 통찰을 여러 결로 보여준 결과물이라고 말한 바 있다. 암흑물질 같은 일상을 각양각색의 빛으로 밝히는 최성규는 실직과 노동, 야근이라는 고단한 삶의 중력 가운데에서도 시를 쓰는 추력과 양력을 동시에 거느리며 비상하고 있는 시인이 아닐 수 없다.

2.

생의 현장이라는 거친 금속은 연금술사와도 같은 최성규 시인의 사유와 몸(감각)을 관통해 비로소 가치를 발하는 시(황금)가 되어간다. 그는 세상을 채운 수많은 잡음 속에 들려

오는 순수한 소리야말로 그 음향이 낮고 작더라도 두드러지기 마련임을 알고 있는 시인이다. 그는 시와 시인이 자연과 인간의 자리에서 이탈해 가고 있는 것은 아닌지 탐색한 후, 과학기술의 성과물 중 하나인 3D 프린팅을 통해 무엇이든 제작 가능하다는 믿음이 시인들에게도 영향을 미친 것이 아닌가 하고 의문을 품는다. 시인은 공들여 구상하고 제작한 뒤 장식하여 표현할 수 있다는 믿음은 '완성'도 아니며 '시'가 될 수도 없다고 말한다. 그렇게 만들어진 것은, 발레리가 강조한 것처럼, 살아 있는 것들을 살아 있지 않은 무언가로 대체하려는 시도일 뿐이다. 살아 있는 자연은 우리가 형태를 부여하는 방식으로 배치되거나 제작될 수 없듯이, 살아 있는 인간 역시 매일 주어지는 유기적 생산물 속에서 그 삶의 나이테를 읽어낼 수 있을 뿐이다. 그래서 최성규의 시는 "멸치 떼처럼, 더러는 한 마리의 대왕고래처럼, 설산(雪山)에서 불어오는 바람 소리처럼"(정윤천, 「'멸치 꽃'을 피워내려는 웅시의 자세에서 태어나는 노래들」, 『멸치는 죽어서도 떼 지어 산다』, 詩와 에세이, 2020, 105쪽) 다가오는 일상의 유기적 생산물을 침전시켜 고통 끝에 진주를 탄생시키는 조개껍질로 은유될 수 있을 것이다. 최성규는 점액이 함유된 일상의 유기적 생산물과 시의 힘을 믿는 순수한 열정과 사유를 시의 내벽에 번갈아 덧발라 시가 우리의 눈을 사로잡을 수 있도록 한다. 그의 시편은 노을과 무지개, 푸른 파도와 나무와 꽃의 소리마저 생생하게 품은 해변의 조개껍질처럼 여러 색을 담아내고 있기 때문이다.

이처럼 시가 일상을 품는다는 것은, 믿어왔던 어떠한 '시적인 것'으로부터의 결별을 의미하기도 하고 일상에 붙어 있는 '오염된 말'을 수용한다는 의미로 해석될 수 있다. 시인은 이 시대의 '말'이 "밤새 내리는 폭설처럼 수북하다가도/다음 날이면 흔적도 없이 사라지"(「먼 곳에서 오는 말」)는 존재임을 의식하고 있다. 그러면서도 그의 시가 관념이나 주장, 인습으로부터 각보(却步)하여 일상과 소소함을 다루는 것은, 본질적으로 특별하지 않은 우리 시대의 육성 그 자체일 수도 있고 현실적 상황에 응전하는 시도일 수도 있다는 믿음에 기인하는 것일 터이다. 이런 명제들을 참고한다면, 그는 오히려 경계를 허무는 시를 쓰고 있음이 분명하다. 아닌 게 아니라 그는 새로움을 위해 매일 "보고 들은 말들을 지워"(「배롱에 널어둔 말」)가며 시를 써가고, 그의 시는 "아슬아슬 생명의 詩"(「우크라이나」)가 되고 있지 않은가. 시인이 시 쓰기를 멈추지 않는 것은 "그 말의 체온은/한겨울에도 빙하처럼 얼지 않는다"(「먼 곳에서 오는 말」)는 것을 잘 알기 때문인 것이다.

결국 최성규는 '있을 수 없는 일', '집 짓는 일'을 다루고 '웃는 일'이나 '잠자는 일', '걷는 일'같이 당연하고 소소한 일을 다루기도 한다. '의자가 하는 일'이나 '봄의 일'같이 제 역할을 묵묵히 수행하는 의지를 담아내기도 한다. 그것은 시란 이처럼 외떨어져 놓인 기념물(monuments)이 아니라 "둘이서 함께 살아갈 섬 하나를 갖는" 일이다. '섬'에 '나'와 나란히 누워 있는 '너'와 '시'에 대한 그의 소원은 매우 소박하여 "서로가 조금씩 아껴둔 말들을 모아/귓속말 같은 편지를 소곤소곤 쓰는 일이고/하루 종일 편지를 기다리는 우편함 같은/순진한 눈동자를 대문 밖에 걸어 두는 일"이 될 뿐이다. 언젠가 "발신인도 수취인도 언젠가 모두 시간 여행을 떠나겠지만/함께 살았던 집만큼은 언제나 그 자리에 남아서/대문을 활짝 열어두고/서로를 약속처럼 기다리는 일"(「집 짓는 일」)이 시인에게는 시의 자리이자 삶이 된다. 따라서 그의 시는 일상의 '정면도(正面圖)'이면서 '단면도(斷面圖)'이고, 누군가의 삶과 닮아 있는 '복사도(複寫圖)'이면서 '상세도(詳細圖)'일 수 있는 것이다. 때로는 곡선일 수도 있으며 "곡선이 존재하지 않는 직선의 공간"(「스파이더맨의 일기」)으로 다가와 "냉정한 도시의 치열한 습성을 배우게"(「특집 다큐」)도 하는 것이다. 그러나 최성규는 일상의 오염된 단어와 정련을 거치지 않은 사유가 쏟아지는 것을 경계하고 있다.

> 보고 들은 말들을 지워야겠다
> 지난밤 비린내 나는 말들의 꼬리를 잘라야겠다
> 이빨 빠진 말들의 가벼운 속성
> 부질없이 내두른 아가미를 끄집어내어
> 단칼에 베어버려야겠다

속아 넘어간 두 귀를 모두 끊어버려야겠다

짐승의 말을 했다는 사람을 미워할 자격이 나에게 없다

사람이 되고 싶었던 짐승의 몸부림이고

그렇게 해서라도 사랑받고 싶었으리라 짐작하므로

혓바늘처럼 돋아나는 성난 마음 대신

꼿꼿하게 견디며 사는 배롱나무 한 그루를 심자

이 말 저 말 가지마다 흔들거리는 소문을 묶어

밤새도록 가슴 깊이 가라앉혔다가 붉은 꽃을 피우는 나무

배롱(焙籠)에 널어둔 젖은 말들이 마를 때까지

수다스러운 말들을 향기로 바꿀 줄 아는 나무가 되자

말이란 사람을 지키고 키워내는 것임을 믿는다

길을 나서는 일은 언젠가 집으로 돌아오는 길

토막 난 말들의 환청이 따라오지 않게

시속으로 달리고 초속으로 날려 버린다

사는 동안 거짓말을 하지 않는 꽃과 짐승들처럼

사람의 말은 괜히 쓸데없다는 묵언 하나만 빼고

다녀온 길 전부를 지워버린다

—「배롱에 널어둔 말」 전문

시인은 "이빨 빠진 말들의 가벼운 속성"을 잘 알고 있어 "지난밤 비린내 나는 말들의 꼬리를" 단칼에 베어버린다. "속아 넘어간 두 귀를 모두 끊어"내고 "혓바늘처럼 돋아나는 성난

마음 대신" 꿋꿋하게 견디며 사는 배롱나무 한 그루를 심으려 한다. 시인은 "밤새도록 가슴 깊이 가라앉혔다가 붉은 꽃을 피우는" 배롱나무처럼 "수다스러운 말들을 향기로 바꿀" 준비가 되어 있다. '나'는 "말이란 사람을 지키고 키워내는 것임을" 굳건히 믿는 연금술사이기 때문이다. 시인은 "보고 들은 말들"과 "짐승의 말"도 시인의 정련을 거치면 "향기"로 변할 수 있다고 믿는다. 꽃과 짐승은 사는 동안 거짓말을 하지 않는데 인간은 그렇지 않다면서, 그러한 "토막 난 말들의 환청이 따라오지 않게" 인간의 말에서 "묵언 하나만 빼고/다녀온 길 전부를 지워"버린다면 앞으로도 계속 "말이란 사람을 지키고 키워내는 것"일 수 있다고 확언하고 있다. 거짓말을 하지 않고 "꽃과 짐승"의 언어를 취하는 것이야말로 시인과 시가 가야 할 길임을 고백하는 것이다. 그에게 시란 "힘으로 쓰는 게 아니라 마음으로 쓰는 것"이며 "한 사람 한 사람을 꽃이라 생각하고/꽃보다 아름다운 존재라는 사실을 알고/꽃밭을 어떻게 가꾸고 다듬을까 고민"하는 과정이 된다. 그렇기에 시인은 "죽어가는 모든 것들을 다시 살리기 위해/밤새도록 詩를 쓰는 임무"(「우크라이나」)를 이어나가려 하는 것이다.

너의 말은 짖어대는 개가 되고
나의 말은 지붕 쳐다보는 닭이 되고
너의 어떤 말은 흥분한 돼지가 되고

나의 어떤 말은 미련한 황소가 되고

또 다른 너의 말은 교만한 뱀이 되고

뱀의 혀는 나의 말을 날름 집어삼키고

쥐가 되었다가 쥐처럼 숨어서 말들을 갉아먹고

어느 말들 앞에서는 순한 양이 되었다가

원숭이 새빨간 엉덩이처럼 교활하기도 했다가

성난 표범처럼 아무 때나 이빨만 드러내기도 하는데

어째서 너와 나의 말들이

꽃이 되었다는 소문은 들리지 않는 것이냐

꽃처럼 예쁘지 않더라도

나비처럼 아장아장 서로 함께 걸어가는 말

달팽이처럼 조심조심 다가가는 말

입속에 담은 말의 씨앗들이 가슴에 떨어지고

귓속의 말들도 잔잔한 바람으로 꽃들을 키워내는

말도 안 되는 말들이 세상에 가득하면 좋겠네

―「말도 안 되는 말」 전문

소멸한 '말'의 힘을 믿는 최성규의 낭만적인 태도는 돼지가 되고, 미련한 황소가 되고, 교만한 뱀이 되고, 교만한 원숭이가 되었다가 "성난 표범처럼 아무 때나 이빨만 드러내기도" 한다. 그때 그는 '말'을 조심스럽게 살펴 반응하면서도 오랫동안 꿈꾸던 '말'의 회복을 상상한다. 그는 자신의 믿음에 세련된

우아함을 덧대고 시적 작업에 독특하고 강렬한 의지를 부가해 간다. '말'이 시적 연금술에 따라 "꽃처럼 예쁘지 않더라도/나비처럼 아장아장 서로 함께 걸어가는 말/달팽이처럼 조심조심 다가가는 말/입속에 담은 말의 씨앗들이 가슴에 떨어지고/귓속의 말들도 잔잔한 바람으로 꽃들을 키워내는/말도 안 되는 말들이 세상에 가득"하길 간절히 바라는 것이다. 이처럼 최성규는 개, 닭, 돼지, 황소, 뱀, 쥐, 양, 원숭이, 표범 같은 동물적 감각과 본능을 은유적으로 배치하여 '상리공생'하지 못하고 먹이사슬의 관계 속에 놓인 말의 안타까운 처지를 적시하고 있다. 이후 꽃과 나비, 달팽이, 씨앗처럼 순수성과 공생, 자연의 시성(Poésie)을 지닌 '말'이 세상을 채우기를 소원하는 것이다. 이처럼 최성규는 "인쇄와 제본의 복잡한 공정을 거치자마자/재고가 되거나 폐기 처분"이 되어버릴 공포와 비참에 좌절하지 않고 "유통기한조차 없는 시집의 무게/계량도 안 되는 시어들의 중량까지 더하면/조금이라도 더 무거워질 수 있을까"(「시집의 무게」)라고 고민하면서 야만의 시대에 주어진 의식화된 동물적 감각에 순수를 부여하는 독창적인 시인이다.

3.
아스팔트의 열기가 올라오고 냉혹한 사회에서의 비참함에

무기력해질 즈음, 온몸에 힘을 빼고 웃게끔 만드는 것이 작은 '제비꽃'이 아닐까 싶다. 시멘트 속에 피워올리는 제비꽃의 대담함과 우아함에 종종 그윽한 감동이 일어나곤 하지 않는가. 양기가 충만하여 농사가 시작되고 제비가 돌아오는 삼짇날 핀다고 하여 이름 붙여진 '제비꽃'은 아스팔트나 시멘트 계단 틈에서 종종 발견된다. 제비꽃은 키가 작아 종자 확산이 쉽지 않은데, 그렇다면 어떻게 틈의 곳곳에 꽃을 피워올릴 수 있었을까. 제비꽃 주변에는 개미들이 항상 포착되는데 개미는 제비꽃과 호혜적 방향으로 협력하며 진화해 왔다. 개미는 제비꽃에 붙은 엘라이오솜(elaiosome)을 애벌레에게 먹이기 위해 제비꽃 종자를 물고 개미집 안으로 들어가고 애벌레는 엘라이오솜을 뜯어먹고 종자를 버려두는데 바로 그 장소가 제비꽃 종자가 발아하기 좋은 환경이 되는 것이다. 제비꽃과 개미처럼 이제 '말'이라는 종자를 물고 들어가 '꽃'을 피워내는 최성규의 노력을 발견해 보자.

> 시들어 버려진 꽃대에서 다시
> 꽃 피어났다
>
> 말이 되는가
> 죽은 몸에서 꽃이 피는 일

죽은 몸으로 사랑하는 일

죽는 걸 알면서도

떠나지 않는 일

아무리 생각해도

사람 사는 세상에서는

있을 수 없는 일

—「있을 수 없는 일」 전문

 최성규는 시가 피폐한 세계를 아름다운 공간으로 만드는 본령이 된다는 것을 이렇게 확연하게 보여준다. "시들어 버려진 꽃대에서 다시" 피어나는 꽃은 "죽은 걸 알면서도/떠나지 않은 일"을 한다. 이것은 "사람 사는 세상에서는/있을 수 없는 일"이지만, "말도 안 되는 말들이 세상에 가득하면 좋겠"(「말도 안 되는 말」)다는 시인의 믿음에 가닿는다. 최성규는 시가 인간과 세계를 통째로 소화할 수 있기를 바란다. 죽었다고 믿었던 "꽃대에서 다시/꽃"이 피어날 수 있도록 "땅에서 살았던 자가/짐승도 살지 않는 망루에 올라/배고픈 늑대처럼 울부짖"는 것인지도 모르기 때문이다. 때로는 "하느님도 듣지 않는/텅 빈 공중의 말들"이 되어버리겠지만 "망루에 사는 사람"(「망루」)은 희망을 포기하지 않고 "더 높은 곳에서 울부짖어야 할까" 하고 고민하는 것이다. 그것은 개미가 제비꽃을 살리고 제비꽃으로 인해 개미가 살아가는 일로서, 어느 것 하나도 포기하지 않겠다는 결연한 의지가 없다면 불가능한 일일 것이다. 이는 시인이 언어를 통해 자신의 목적을 관철할 뿐만 아니라 한 시대의 '요소'로서 특정한 사명감으로 언어에 봉사한다는 점을 상기시킨다. 시인은 "언어조차 무중력상태가 되는" 자리에 언어가 놓여 있지만, 죽은 꽃대에서 다시 피어나는 꽃이 가져다주는 환희와 기쁨을 알기에 의자가 되어 '먼 곳에서 오는 말'을 기다리려는 것이다.

> 다시 태어난다면
> 다시 사랑을 하게 된다면
> 나는 의자가 되겠다
> 의자처럼 의연하고 의젓하게
> 언제 찾아올지 모르는 그대의
> 수많은 날들을 위해
> 내 마음 비워두는 자세로 살겠다
>
> 먼 훗날 문득
> 내 앞을 스쳐 지나갈 사람
> 등허리 굽은 그림자가 그대라 해도
> 나는 함부로 등 돌리지 않고
> 부끄러워 도망치거나 떠나지 않고

오로지 한자리만 지키고 있겠다

사랑하는 일의 절반은
기다리거나 혹은 그리워하는 일

당신과 나 둘 중 하나 그래야 한다면
차라리 내가 그렇게 하겠다
—「의자가 하는 일」 전문

 이 작품은 사랑하는 사람들을 위해 사랑하는 사람의 언어로 말해진 대담하고 솔직한 시편이면서 동시에 고독한 시 쓰기와 자신의 삶을 일체가 되도록 하겠다는 결연한 의지로도 읽힌다. 시인은 시를 통해 감출 필요가 없는 '나'의 감정을 성실하게 말하려 한다. "다시 태어난다면/다시 사랑을 하게 된다면/나는 의자가 되겠다"라고 고백하는 것이다. "언제 찾아올지 모르는 그대의/수많은 날들을 위해", "나는 함부로 등 돌리지 않고/부끄러워 도망치거나 떠나지 않고/오로지 한자리만 지키고 있겠다"고 말하는 것이다. 이때 기다림은 '그대'와 사귀는 일을 멈추지 않는 일이며, 마음속에 일어나는 '그대'에 대한 가지가지 상상과 몽상을 기다림의 자양분으로 삼는 일이다. 시인은 "사랑하는 일의 절반"이 기다림이나 그리움임을 잘 알지만, 그 고통을 '그대'에게 남겨두지 않는다. '나'는 '의

자가 하는 일'처럼 수많은 날 동안 하늘의 은혜와 축복을 빌며 무릎 꿇은 마음으로 '그대'가 오기만을 바라는 것이다. 시인은 "등허리 굽은 그림자가 그대라 해도" 그대를 따스한 체온으로 품어내려 한다. 마지막 구절에서 "당신과 나 둘 중 하나 그래야 한다면" 그 기다리는 고독함을 "차라리 내가" 택하겠노라고 천명함으로써 고통의 자리에 '그대'를 두지 않으려는 진정한 사랑을 보여준다. 덧없는 밤을 눈물로 지새우며 '나'는 '너'를 들으려 하는 것이다.

> 보고 싶다는 말은
> 아주 먼 곳에서 오는 말이다
> 마리아나 해구 어디쯤에서 시작하여
> 달의 계곡 황량한 모래언덕을 넘어
> 히말라야 샹그릴라를 숨차게 달려오는 그런 말이다
> 보고 싶다는 말은
> 밤새 내리는 폭설처럼 수북하다가도
> 다음 날이면 흔적도 없이 사라지는 말이다
> 하지만 그 말의 체온은
> 한겨울에도 빙하처럼 얼지 않는다
> 어쩌다 녹아서 사라진 말일지라도
> 화산의 용암처럼 참지 못하고 솟구쳤다가
> 오래된 기억 속 흔적 같은 화석으로 발견되기도 한다

> 태풍조차 함부로 지울 수 없는 그 한마디 말이
> 무심코 나에게 도착할 때면
> 형체를 알아볼 수 없을 만큼 헐고 상해서
> 보잘것없이 희미한 모습일지라도
> 그 말의 조각난 그림자만으로도
> 너라는 사실을 알게 된다
> ―「먼 곳에서 오는 말」 전문

"보고 싶다는 말"은 "마리아나 해구 어디쯤에서 시작하여/달의 계곡 황량한 모래언덕을 넘어/히말라야 샹그릴라를 숨차게 달려오는" 소실점처럼 자리한다. 또한 "밤새 내리는 폭설처럼 수북하다가도/다음 날이면 흔적도 없이 사라지는 말"이지만 그 말이 지니는 "체온은/한겨울에도 빙하처럼 얼지" 않으며 설사 녹아 사라진 말일지라도 "오래된 기억 속 흔적 같은 화석으로 발견되기도" 하는 언어임에 틀림없다. "보고 싶다는 말"이 "무심코 나에게 도착할 때" 형체를 알아볼 수 없을 만큼 상했어도 "보잘것없이 희미한 모습일지라도" '나'는 그때 그것이 '너'라는 사실을 알 수 있을 것이라는 믿음이 있는 것이다. 그 믿음은 "보고 싶다는 말"처럼 작고 연약한 말의 체온과 의미를 짐작할 수 있게끔 해준다. "언어조차 무중력상태가 되는 곳이 우주"라고 해도 "우주에서는 모든 별들이 언어"이듯이 "언어의 의미는 결국 소멸"(「별이 취하는 밤」)하겠지만, 시인은 시로 세계를 이렇게 아름답게 채워 나가려 하는 것이다.

  최성규 시인은 첫 시집을 내고 "비린내조차 나지 않은 언어들이/죽어서도 떼 지어 사는 멸치들처럼/다시 시의 바다로 돌아가는 자리"가 되기를 바란다고 말하였다. 시적 장소와 시간이 더는 유효하지 않아 의미를 발하지 않는다고 하더라도 시의 온도와 체온은 절대 내려가지 않는다는 것을 강조한 것이다. 이후 그의 시적 행보는 일상과의 결별이나 대립을 통해 신기루처럼 피어나는 쪽을 지향하지 않았다. 오히려 그는 무중력상태에 둥둥 떠다니는 일상의 글자를 주워 모으는 대신, 마치 농부가 땅을 일구고 흙을 만지듯이 가꿔 수확해 나갔다. 세간에 흩어져 존재하는 모두가 저마다의 일을 준비하듯이 최성규 또한 "나는 너를 준비"(「봄의 일」)했다. "지네 발가락 같은/더듬이"로 "도막 난 기억들/밤새 더듬어 대"(「詩」)고 "당신의 보드란 숨소리에 나의 숨소리를 섞어"(「낮잠」)보며, "마음보다 귀가 먼저 자라나고 귀보다 마음이 서둘러 달려가"(「그리움을 듣는 시간」)면서 다음을 준비했다.

  "인간은 자신의 의도를 지구 위에 새긴다"(에드워드 렐프, 김덕현·김현주·심승희 옮김, 『장소와 장소상실』, 논형, 2005, 48쪽)고 한다. 비대해진 개념과 과학의 시대, 죽소된 인간과 일상의 고귀함에 대해 최성규 시인은 고민하고 지적한다. 최성규 시인은 '너머'의 찬란한 것과 거대한 가능성이라는 막연함에 무너지지도 않으며, 하이데거 철학의 실존의 우울함(사멸성)에 빠져 낙오하지 않는다. 그는 죽어가는 존재 이전에 인간은 '살아가고' 있으며 '행위를 하는 존재'이며, 요소의 세계와 관계를 맺는 존재임을 강하게 믿으며 자신의 시세계로 주저하지 않고 진입한다. 그때 시인은 주어진 현실과 현재에 '시'의 씨앗을 뿌려 새로운 '시작'(詩作)의 지평을 열어간다. 최성규의 시 쓰기는 관계라는 폐허로부터 구원받는 존재의 기적을 체험하게 하는 일인 것이다.

시인동네 시인선 240

보고 싶다는 말은
아주 먼 곳에서 오는 말이다
ⓒ 최성규

 초판 1쇄 인쇄 2024년 10월 10일
 초판 1쇄 발행 2024년 10월 17일
    지은이 최성규
    펴낸이 김석봉
    디자인 헤이존
    펴낸곳 문학의전당
   출판등록 제448-251002012000043호
     주소 충북 단양군 적성면 도곡파랑로 178
     전화 043-421-1977
    전자우편 sbpoem@naver.com

    ISBN 979-11-5896-665-2 03810

*이 책의 판권은 지은이와 문학의전당에 있습니다.
*양측의 서면 동의 없는 무단 전재 및 복제를 금합니다.
*잘못 만들어진 책은 바꿔드립니다.